AF319102

ARABESQUES ANTIQUES

DES

BAINS DE LIVIE

ET DE LA VILLE ADRIENNE

AVEC

LES PLAFONDS DE LA VILLE-MADAME

PEINTS DAPRÈS LES DESSINS DE RAPHAEL

ET GRAVÉS

PAR LES SOINS DE M. PONCE

MEMBRE DE L'ACADÉMIE DES SCIENCES, DE CELLE DE PEINTURE, SCULPTURE
ET ARCHITECTURE.

NOUVELLE ÉDITION

A PARIS

CHEZ BANCE AÎNÉ, ÉDITEUR, RUE SAINT-DENIS, 271.

PRÈS LES BAINS SAINT-SAUVEUR,

1858

IMPRIMERIE DE DUCESSOIS, QUAI DES AUGUSTINS, 55.

DESCRIPTION ABRÉGÉE

DES BAINS DE LIVIE,

DE LA VILLE ADRIENNE

ET DE LA VILLE-MADAME.

BAINS DE LIVIE.

Les ruines situées sur le mont Palatin, et connues sous le nom de Palais des Césars, formaient un édifice immense, embelli successivement par les empereurs, et renfermant entre autres monuments le palais d'Auguste, celui de Tibère, un temple d'Apollon., avec des bibliothèques grecques et latines, le théâtre de Taurus, le grand Cirque, et d'autres édifices construits par Caligula, Néron et Domitien.

La maison d'Auguste, dont les bains de Livie faisaient partie, était l'édifice le plus modeste du Palais des Césars. Suétone nous apprend que cet empereur avait habité d'abord la maison de l'orateur Calvus, près le *Forum Romanum*, et qu'ensuite il se logea sur le mont Palatin, dans la maison et les jardins de Hortensius. Cette nouvelle demeure, de la structure la plus simple, fut détruite par un incendie. Aussitôt, ajoute Suétone, tous les ordres de citoyens se réunirent pour faire construire à leurs frais un palais magnifique ; mais Auguste refusa leurs offres, et se contenta d'accepter de chacun un denier romain. Autant cet empereur fut économe pour la construction des édifices destinés à son usage particulier, autant il fut prodigue pour ceux qui devaient servir à des objets publics, témoin le superbe temple d'Apollon qu'il fit construire.

Le portique de ce temple fameux était orné de cinquante statues des Danaïdes et de celles de leurs époux. On y voyait un nombre égal de colonnes de porphyre, un colosse d'airain de cinquante pieds de haut, et un arc de triomphe qu'Auguste avait érigé à la mémoire de son père. A l'extrémité de ce portique, on remarquait un quadrige, dans lequel étaient assis Apollon et Diane : ce morceau, du célèbre sculpteur Lysippe, était d'un seul bloc de pierre. Les portes du temple étaient d'ivoire incrusté d'or et enrichies de peintures. On y voyait la statue d'Apollon, ouvrage de Scopas, celle de Diane, par le célèbre Timothée ; quatre bœufs d'airain, sculptés par Myron, et beaucoup d'autres richesses. Près de ce temple étaient des bibliothèques grecques et latines qu'Auguste avait formées, et un magnifique muséum de pierres gravées, rassemblées par ses soins.

Les bains de Livie, d'où dépendent les plafonds arabesques, n° 1 et 2, que nous donnons ici, faisaient partie du palais d'Auguste. On parvient à ces bains souterrains après avoir traversé un ancien potager, et s'être frayé un chemin à travers les ronces qui en masquent l'entrée. La voûte de la première salle est ornée de figures entourées d'ornements et de feuillages rehaussés d'or, sur un fond blanc. La seconde est ornée d'arabesques et de compartiments, dans lesquels sont trois petits tableaux peints à fresque ; la voute est ornée de figures purement dessinées, peintes partie en or sur un fond d'azur, partie en azur sur un fond d'or, et entourées de compartiments en forme de treillages. Les bordures dans lesquelles les figures sont placées, sont des espèces de corniches faites de lapis, de jaspe, d'agathe et autres pierres précieuses, faibles restes de la magnificence qui régnait dans ces bains. La décoration du bas de ces salles ne subsiste plus.

Les statues et les bas-reliefs trouvés dans ces ruines passèrent pour la plus grande partie en France, le cardinal de Polignac en ayant fait l'acquisition dans le temps de son ambassade à Rome. En 1763, nous avons vu une partie de ces antiques exposée à la vente de M. Adam, sculpteur du roi, entre autres une Vénus et un Persée de la plus grande beauté.

VILLE ADRIENNE.

Les dix planches, depuis le n° 3 jusques et compris le n° 12, formant douze sujets, sont tirées de la maison d'Adrien. Ce monument antique, surnommé la ville Hdrienne, est un assemblage considérable de masures, de ruines et de débris d'un superbe palais bâti par l'empereur Adrien, auprès de Tivoli ; l'on y trouve partout des restes de l'étonnante magnificence que ce prince y avait mise. Les Centaures de Furietti qui sont au Capitole, plusieurs statues qui sont dans la ville d'Este, au palais Farnèse, chez le cardinal Albani, et mille autres choses précieuses qu'on admire dans Rome en ont été tirées. Pour avoir une juste idée de l'immensité de ce palais et de ses dépendances, il faut voir le plan et la description de Contini, du père Kirker et de Ligorio.

La ville Adrienne pouvait avoir, selon ces auteurs, trois milles de longueur, et à peu près la cinquième partie dans sa largeur ; mais aujourd'hui à peine en existe-t-il un quart. On distingue aux extrémités de ces ruines deux théâtres en demi-cercles, dont l'un avait trente-quatre toises de diamètre et l'autre vingt-quatre. Le premier est proche d'un emplacement de cent dix-sept toises de long sur cinquante-quatre de large, lequel paraît avoir été destiné à la revue des troupes. Le Palestre qu'on remarque près de là, formait une grande cour, autour de laquelle, autant qu'on en peut juger par les débris qui en restent, régnaient des portiques en arcades; dans le milieu était une grande pièce d'eau : cette cour formait une terrasse des deux côtés. On voit aussi, à peu de distance de là, les ruines d'un petit édifice dont la cour est chantournée : plus loin, on remarque un autre bâtiment très-bien conservé, qui paraît avoir servi de bains. On observe dans les environs un emplacement rond, de vingt-deux toises de diamètre, qui semble avoir été une ménagerie, ensuite une naumachie de quatre-vingt cinq toises. Après avoir traversé une petite cour, ornée de colonnades et de portiques, on trouve encore un autre édifice fort peu endommagé, dont plusieurs pièces sont très-belles. D'un côté, sont plusieurs petites salles qui servaient pour la commodité de la distribution, et de l'autre, des pièces de parade, dans lesquelles sont une partie des arabesques que nous donnons au public. Dans l'une de ces pièces, est une voute décorée d'ornements et de petites figures en stuc assez bien conservées; elle est d'un gout agréable et de la plus légère forme. Dans deux autres salles, sont des restes de peintures et de décorations en arabesques, dont partie imite le bas-relief. Les couleurs des ornements de la première de ces deux pièces sont dures et tranchantes, les unes par rapport aux autres; mais celles de la seconde, représentées dans la planche 10, sont d'un assez bon accord. On y reconnaît, ainsi que dans la plupart des autres voutes, une partie des arabesques qui ont été imitées depuis au Vatican, et en particulier les ailes de chauve-souris, qui y font un si bel effet.

On remarque surtout, dans ces ruines, les débris d'un édifice appelé Canope, ou temple de Neptune, dont les détails et les décorations sont de la plus grande magnificence. Dans l'endroit où est située aujourd'hui la Roccabruna, maison appartenant aux Jésuites, étaient les Champs-Elysées et le royaume de Pluton; on y avait pratiqué des canaux pour représenter le Léthé, le Cocyte et le Phlégéton : les supplices d'Ixion et de Prométhée y étaient sculptés dans la plus grande perfection. Enfin il faudrait un volume pour donner seulement une légère idée de tous les édifices et de toutes les richesses qui restent encore à décrire, et qui ornaient ce palais, ou plutôt cette ville où l'empereur Adrien avait imité tout ce que l'antiquité a eu de plus célèbre. Le Lycée, l'Académie, le Prytanée, le Portique, le temple de Thessalie et le Pécile d'Athènes, y étaient représentés. Ce Pécile avait un mur de huit cents pieds de long, garni de portiques, de colonnes et de peintures, à l'imitation de celui d'Athènes. On remarque dans ces ruines des appartements distribués avec le plus grand art, des bains où toutes les commodités de la vie étaient ménagées de la manière la plus ingénieuse et la plus recherchée; des pièces éclairées d'une façon analogue aux saisons et aux heures du jour où on les occupait; des salles de plain-pied où toutes les portes étaient en enfilades de tous les sens; enfin une infinité d'autres précautions très-industrieuses qui donnent lieu de croire que les Romains avaient poussé l'art de la distribution et le luxe plus loin encore qu'il ne l'est parmi nous : quant à la décoration, elle était admirable : on en peut juger par les estampes que nous donnons au public; les ornements, peints ou en stuc, étaient d'une richesse et d'une légèreté extraordinaire, et l'étude particulière qu'en fit Raphaël, qui les a imités en partie dans ses arabesques du Vatican, prouve assez de quel prix ces chefs-d'œuvre de l'antiquité doivent être aux yeux des artistes et des véritables connaisseurs.

VILLE-MADAME.

Les n° 13, 14 et 15 de cette collection représentent trois plafonds de cette belle maison de campagne, appartenante au roi de Naples; elle est située sur le mont Marius, d'où elle domine Rome et tous ses environs. Son nom lui vient de Marguerite d'Autriche, fille de Charles-Quint, qui épousa Alexandre de Médicis et ensuite Octave Farnèse; elle acheta du chapitre de Saint-Eustache cette maison que le cardinal Jules de Médicis avait fait bâtir sur les dessins de Raphaël : elle fut longtemps un des plus beaux séjours des environs de Rome, et c'est encore ce que l'on remarque le plus, quand on considère ces environs de quelque lieu élevé. Jules Romain et Jean d'Udine, élèves de Raphaël, décorèrent ce palais de peintures et de stucs, qu'ils exécutèrent d'après les dessins de ce grand homme. On admire surtout les trois parties de voûtes des trois grandes arcades du portique intérieur. Comme ces peintures et ces stucs, de la plus grande richesse et d'une parfaite exécution, sont très-bien conservés, nous avons cherché à y mettre le plus grand fini possible, afin de donner une idée plus exacte de la perfection des originaux. Parmi tous les tableaux qui entrent dans ces superbes compositions, on admire les quatre de la voûte, n° 15, représentant des dieux, que beaucoup d'artistes croient être de la main de Raphaël.

FIN.

N°. 4.

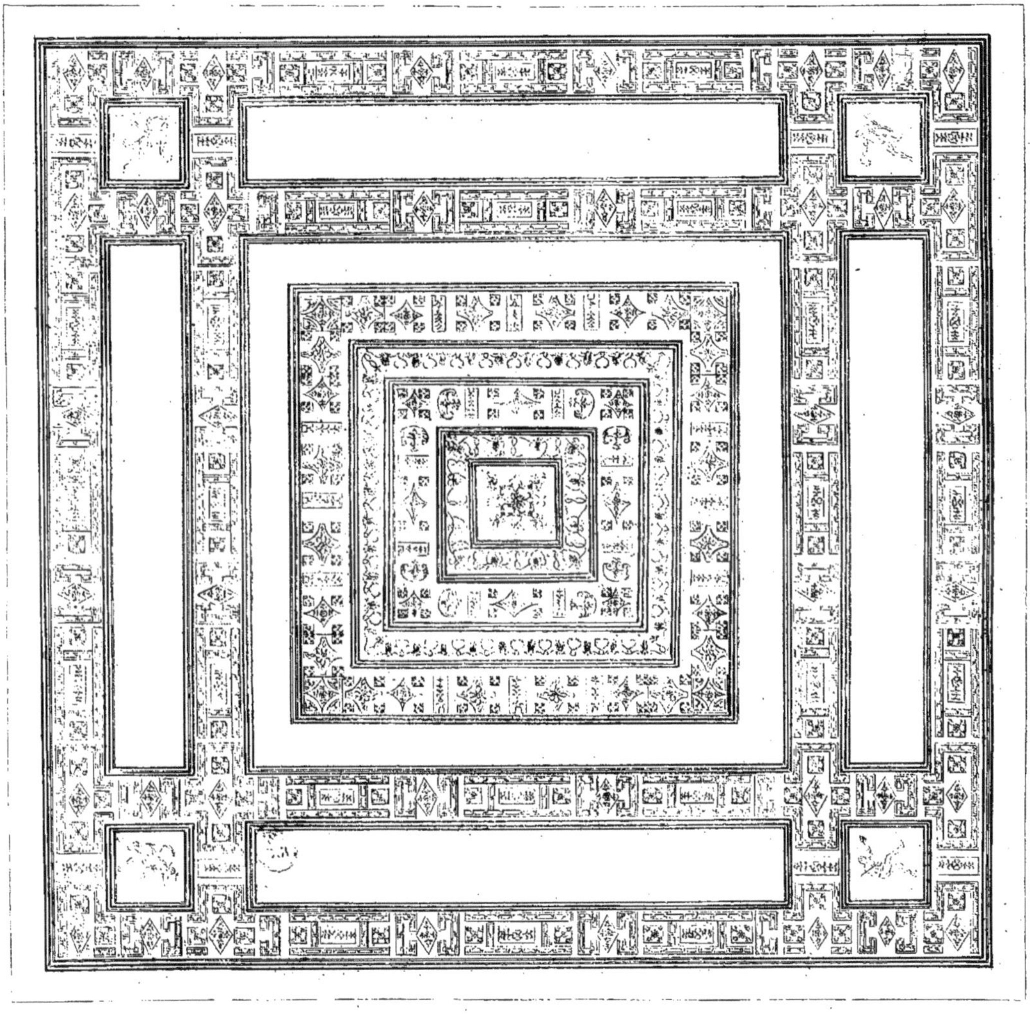